SILOS BOTSCHAFT

Grafische Gestaltung: Florent Delaunay

Satz und Gestaltung: Helena Kasemir Umschlag: Robert Nageli

ISSN 1264-3157

ISBN 2-910649-19-7

Übersetzung aus dem Spanischen

Gustavo Joaquin, Luz Jahnen, Daniel Horowitz

Vollständige Überarbeitung der Übersetzung

Christian Heinrici, Almut Scheben,

Marita Simon, Daniel Horowitz

ISBN: 2-910649-19-7

Elektronische Version verfügbar auf der Website: www.silo.net

Anmerkung der Herausgeber

Die von Silo im Juli 2002 bekannt gegebene Botschaft besteht aus drei Teilen: dem Buch, der Erfahrung und dem Weg.

Das Buch ist seit geraumer Zeit als *„Der Innere Blick"* bekannt.

Die Erfahrung wird durch acht Zeremonien vermittelt.

Der Weg ist eine Zusammenstellung von Reflexionen und Empfehlungen.

Diese Zusammenstellung enthält die vollständige Botschaft. Sie ist in gedruckter Form und über die elektronischen Netze im Umlauf.

SILOS
Botschaft

Das Buch

I. Das Nachsinnen

1. Hier wird erzählt, wie man die Sinn-Leere des Lebens in Sinn und Fülle verwandeln kann.

2. Hier gibt es Freude, Liebe zum Körper, zur Natur, zur Menschheit und zum Geist.

3. Hier sagt man sich von den Opfern, den Schuldgefühlen und den Drohungen des Jenseits los.

4. Hier wird das Irdische nicht dem Ewigen entgegengestellt.

5. Hier wird von der inneren Offenbarung gesprochen, zu der jeder gelangt, der in demütiger Suche sorgfältig nachsinnt.

II. Bereitschaft zum Verständnis

1. Ich weiß wie du dich fühlst, weil ich deinen Zustand erleben kann, aber du weißt nicht, wie man das erlebt, worüber ich spreche. Wenn ich daher ohne jegliches Eigeninteresse über das rede, was den Menschen glücklich und frei macht, so ist es der Mühe wert, dass du versuchst zu verstehen.

2. Denke nicht, dass du verstehen wirst, indem du mit mir diskutierst. Wenn du glaubst, dass dein Verständnis sich schärft, indem du widersprichst, so kannst du das tun. In diesem Fall ist das aber nicht der angebrachte Weg.

3. Wenn du mich fragst, welche Haltung die angemessene sei, werde ich antworten: Die angemessene Haltung ist die, tief und ohne Hast über das nachzusinnen, was ich dir hier erkläre.

4. Wenn du entgegnest, du habest dich mit dringenderen Dingen zu beschäftigen, werde ich antworten, dass ich dich nicht daran hindern werde, wenn du lieber schlafen oder sterben willst.

5. Wende auch nicht ein, dass du die Art, wie ich die Dinge darstelle, nicht magst. Du lehnst ja auch nicht die Schale ab, wenn dir die Frucht schmeckt.

6. Ich spreche über die Dinge so, wie es mir angemessen erscheint und nicht wie es jene gern hören möchten, die nach Dingen streben, die fern von der inneren Wahrheit sind.

III. Die Sinn-Leere

Nach vielen Tagen entdeckte ich diesen großen Widersinn: Diejenigen, die den Misserfolg in ihren Herzen trugen, konnten den letzten Sieg erringen; diejenigen, die sich als Sieger fühlten, blieben wie Pflanzen, die ein diffuses und dumpfes Dasein führen, auf dem Weg zurück. Nach vielen Tagen stieg ich aus tiefster Dunkelheit zum Licht empor – nicht durch Lehren geführt, sondern durch Nachsinnen.

So sagte ich mir am ersten Tag:

1. Es gibt keinen Sinn im Leben, wenn alles mit dem Tod endet.

2. Jede Rechtfertigung von Handlungen, ob es sich nun um verachtenswerte oder vortreffliche handelt, ist immer ein neuer Traum, der nur Leere hinterlässt.

3. Gott ist etwas Ungewisses.

4. Der Glaube ist ebenso unbeständig wie die Vernunft und die Träume.

5. Über das, „was man tun soll", kann man endlos streiten, aber letztlich bleiben alle Erklärungen haltlos.

6. Die „Verantwortung" desjenigen, der sich zu etwas verpflichtet, ist nicht größer als die Verantwortung dessen, der sich zu nichts verpflichtet.

7. Ich handle auf Grund meiner Interessen, und das macht mich nicht zu einem Feigling aber auch nicht zu einem Helden.

8. Meine „Interessen“ können weder etwas rechtfertigen, noch können sie etwas entwerten.

9. Meine „Gründe“ sind weder besser noch schlechter als die Gründe anderer.

10. Grausamkeit entsetzt mich; und doch ist sie deshalb in sich selbst weder schlechter noch besser als die Güte.

11. Was ich oder andere heute sagen, gilt morgen nicht mehr.

12. Zu sterben ist nicht besser als zu leben oder niemals geboren worden zu sein, aber es ist auch nicht schlechter.

13. Nicht durch Lehren, sondern durch Erfahrung und Nachsinnen erkannte ich, dass es keinen Sinn im Leben gibt, wenn alles mit dem Tod endet.

IV. Die Abhängigkeit

Der zweite Tag.

1. Alles was ich tue, fühle und denke, ist nicht von mir abhängig.

2. Ich bin wandelbar und abhängig von der Wirkung der Umgebung. Wenn ich die Umgebung oder mein „Ich“ verändern möchte, so ist es letztlich die Umgebung, die mich verändert. Ich mag die Stadt oder die Natur suchen, die soziale Befreiung oder einen neuen Kampf, der mein Dasein rechtfertigt… In jedem Fall bringt mich die Umgebung dazu, mich für diese oder jene Haltung zu entscheiden. Also wird meine Situation von meinen Interessen und der Umgebung bestimmt.

3. Dann sage ich mir, dass es keine Rolle spielt, wer oder was entscheidet. Bei diesen Gelegenheiten sage ich mir, dass ich leben muss, weil ich nun einmal am Leben bin. All das sage ich mir, ohne dass es durch irgend etwas gerechtfertigt wäre. Ich kann mich entscheiden, zögern oder ausharren. Jedenfalls ist das eine nur vorläufig besser als das andere, aber endgültig gibt es kein „besser" oder „schlechter".

4. Wenn man mir sagt, dass jemand, der nicht isst, stirbt, werde ich antworten, dass dies in der Tat so sei und dass er durch seine Bedürfnisse zum Essen gezwungen sei. Aber ich werde nicht hinzufügen, dass sein Kampf ums Essen sein Dasein rechtfertigt. Ebenso wenig werde ich sagen, dass dies schlecht sei. Ich werde einfach sagen,

dass es sich um eine individuelle oder kollektive Tatsache handle, die zur Erhaltung des Lebens notwendig sei, die aber in dem Augenblick keinen Sinn habe, in dem man die letzte Schlacht verliert.

5. Ich werde außerdem sagen, dass ich mich mit dem Kampf der Armen, Ausgebeuteten und Verfolgten solidarisiere. Ich werde sagen, dass ich mich, indem ich mich mit diesem Kampf identifiziere, „verwirklicht" fühle, aber ich verstehe, dass ich dadurch nichts rechtfertigen kann.

V. Ahnung des Sinnes

Der dritte Tag.

1. Manchmal habe ich Ereignisse, die später eingetroffen sind, vorausgesehen.

2. Manchmal habe ich einen fernen Gedanken aufgefangen.

3. Manchmal habe ich Orte, die ich nie besucht habe, beschrieben.

4. Manchmal habe ich genau beschrieben, was in meiner Abwesenheit geschehen war.

5. Manchmal hat mich eine unermessliche Freude überwältigt.

6. Manchmal überkam mich ein umfassendes Verstehen.

7. Manchmal hat mich ein vollkommener Einklang mit allem in Verzückung gebracht.

8. Manchmal habe ich meine Träumereien zerschlagen und die Wirklichkeit auf eine neue Art wahrgenommen.

9. Manchmal habe ich etwas, das ich zum ersten Mal sah, als schon Gesehenes wiedererkannt.

… All dies brachte mich zum Nachdenken. Ich weiß sehr wohl, dass ich ohne diese Erfahrungen niemals aus der Sinn-Leere herausgefunden hätte.

VI. Traum und Erwachen

Der vierte Tag.

1. Was ich im Schlaf sehe, kann ich nicht als wirklich annehmen; auch nicht das, was ich im Halbschlaf sehe und ebenso wenig, was ich im Wachzustand, aber tagträumend, sehe.

2. Als wirklich kann ich nur das annehmen, was ich im Wachzustand, ohne zu träumen, sehe. Hiermit ist nicht das gemeint, was meine Sinne wahrnehmen, sondern die Tätigkeiten meines Geistes, die sich auf gedanklich verarbeitete „Informationen" beziehen. Denn die „Informationen", die durch die äußeren und inneren Sinne so-

wie durch das Gedächtnis übermittelt werden, sind naiv und zweifelhaft. Was fest steht, ist, dass mein Geist weiß, wenn er wach ist, und glaubt, wenn er schläft. Nur selten nehme ich die Wirklichkeit auf eine neue Art wahr, und dann begreife ich, dass das unter normalen Umständen Gesehene dem Schlaf oder dem Halbschlaf ähnelt.

Es gibt eine wirkliche Art, wach zu sein: Die nämlich, die mir den Anstoß gab, über all das bisher Gesagte tief nachzusinnen. Sie hat mir außerdem die Tür geöffnet, den Sinn alles Existierenden zu entdecken.

VII. Gegenwart der Kraft

Der fünfte Tag.

1. Wenn ich wirklich wach war, stieg ich von Erkenntnis zu Erkenntnis empor.

2. Wenn ich wirklich wach war, mir aber die Stärke fehlte, meinen Aufstieg fortzusetzen, so konnte ich die Kraft aus mir selbst schöpfen. Mein ganzer Körper war von ihr erfüllt. Diese Energie war selbst in den kleinsten Zellen meines Körpers gegenwärtig, und sie durchströmte ihn schneller und stärker als das Blut.

3. Ich entdeckte, dass sich die Energie in den Körperstellen konzentrierte, die gerade aktiv waren, und dass sie abwesend war, wenn sie passiv blieben.

4. Bei Krankheiten fehlte oder aber konzentrierte sich die Energie genau in den angegriffenen Körperstellen. Wenn es mir jedoch gelang, den normalen Energiefluss wiederherzustellen, begannen viele Krankheiten wieder abzuklingen.

Einige Völker wussten dies und konnten durch verschiedene Verfahrensweisen, die uns heute fremd sind, den Energiefluss wiederherstellen.

Einige Völker wussten dies und waren in der Lage, diese Energie anderen Menschen weiterzugeben. Dadurch wurden „Erleuchtungen“ im Verständnis, ja selbst körperliche „Wunder“ bewirkt.

VIII. Kontrolle der Kraft

Der sechste Tag.

1. Es gibt einen Weg, die den Körper durchströmende Kraft zu lenken und zu konzentrieren.

2. Im Körper gibt es Kontrollpunkte, von denen das abhängt, was wir als Bewegung, Gefühl und Gedanken kennen. Wenn die Energie in diesen Punkten wirkt, entstehen die motorischen, emotionalen und intellektuellen Äußerungen.

3. Je nach dem, ob die Energie mehr im Inneren des Körpers oder mehr an seiner Oberfläche wirkt, kommt es zum Tiefschlaf, zum Halbschlaf oder zum Wachzustand…

Ohne Zweifel weisen die dargestellten Heiligenscheine auf religiösen Bildern, die den Körper oder den Kopf der Heiligen (oder der großen Erweckten) umgeben, auf diese Erscheinungsform der Energie hin, die sich gelegentlich außen zeigt.

4. Es gibt einen Kontrollpunkt des Wahren-Wach-Seins, und es gibt eine Art, die Kraft dorthin zu lenken.

5. Wird die Energie an diesen Ort gelenkt, bewegen sich alle anderen Kontrollpunkte auf eine neue Art.

Als ich das verstanden hatte und die Kraft zu diesem höheren Punkt lenkte, erlebte mein Körper die Wucht einer ungeheuren Energie, die mein Bewusstsein erschütterte, und ich stieg von Erkenntnis zu Erkenntnis empor. Gleichzeitig beobachtete ich jedoch, dass ich auch in die Tiefen des Geistes hinabsteigen konnte, wenn ich die Kontrolle über die Energie verlor. Als ich die Trennungslinie zwischen beiden Geisteszuständen sah, erinnerte ich mich an die Legenden über „Himmel" und „Höllen".

IX. Erscheinungsformen der Energie

Der siebte Tag.

1. Diese zirkulierende Energie konnte sich vom Körper „unabhängig“ machen, aber trotzdem dabei ihre Einheit behalten.

2. Diese vereinte Energie war eine Art „Doppelkörper“, der dem synästhetischen Abbild des eigenen Körpers im Inneren des Vorstellungsraumes entsprach. Die Existenz dieses Raumes sowie die Vorstellungen, die den inneren Empfindungen des Körpers entsprachen, wurden von den Wissenschaften, die sich mit den geistigen Phänomenen beschäftigten, nicht ausreichend zur Kenntnis genommen.

3. Ob sich diese „losgelöste“ (das heißt als „außerhalb“ des Körpers oder von ihrer materiellen Basis „getrennt“ vorgestellte) Energie als Bild auflöste oder sich richtig darstellte, hing von der inneren Einheit dessen ab, der diesen Vorgang durchführte.

4. Ich konnte feststellen, dass die „Veräußerlichung“ dieser Energie, die den eigenen Körper als „außerhalb“ des Körpers darstellte, schon von den untersten Ebenen des Geistes an stattfand. In diesen Fällen hatte ein Angriff auf die grundlegendste Einheit des Lebens diese Antwort zum Schutz des Bedrohten bewirkt. So ist es zu erklären, dass bei einigen Medien, die sich während des Trancezustandes auf einer niedrigen Bewusstseinsebene befanden und deren innere Einheit gefährdet war,

diese Antworten unfreiwillig auftraten und dann nicht als selbst erzeugt erkannt, sondern stattdessen anderen Wesenheiten zugeschrieben wurden.

Die „Gespenster“ oder „Geister“ mancher Völker oder Hellseher waren nichts anderes als die eigenen „Doppelkörper“ (die eigenen Vorstellungen) derjenigen, die sich von jenen heimgesucht fühlten. Da ihr Geisteszustand getrübt (in Trance) war, und weil sie die Kontrolle über die Kraft verloren hatten, fühlten sie sich von fremden Wesen gelenkt, die zuweilen bemerkenswerte Phänomene hervorriefen. Zweifellos hatten viele „besessene“ Menschen derartige Auswirkungen zu erleiden. Das Entscheidende war demnach die Kontrolle der Kraft.

Diese Erkenntnis veränderte sowohl meine Auffassung vom jetzigen Leben als auch vom Leben nach dem Tode völlig. Durch diese Gedanken und Erfahrungen begann ich, den Glauben an den Tod zu verlieren. Seitdem glaube ich an ihn ebenso wenig wie an die Sinn-Leere des Lebens.

X. Gewissheit des Sinnes

Der achte Tag.

1. Die wirkliche Bedeutung eines wachen Lebens wurde mir offenkundig

2. Die wirkliche Bedeutung, die inneren Widersprüche zu überwinden, überzeugte mich.

3. Die wirkliche Bedeutung, die Kraft zu kontrollieren, um Einheit und Beständigkeit zu erreichen, erfüllte mich mit einem freudigen Sinn.

XI. Das leuchtende Zentrum

Der neunte Tag.

1. In der Kraft war das „Licht", das aus einem „Zentrum" kam.

2. Mit der Auflösung der Energie ging eine Entfernung von diesem Zentrum einher, mit ihrer Vereinigung und Entwicklung setzte sich das leuchtende Zentrum entsprechend in Gang.

Es überraschte mich nicht, bei älteren Völkern eine Verehrung des Sonnengottes zu finden, und ich verstand, dass einige dieses Gestirn anbeteten, weil es der Erde und der Natur Leben gab, während andere in diesem majes-

tätischen Körper das Symbol für eine höhere Wirklichkeit erkannten.

Andere gingen noch weiter und empfingen aus diesem Zentrum unzählige Gaben, die zuweilen als Feuerzungen auf die Inspirierten „herabkamen". Andere Male waren es leuchtende Kugeln oder brennende Dornbüsche, die sich dem furchtsamen Gläubigen zeigten.

XII. Die Entdeckungen

Der zehnte Tag.

Ich machte zwar wenige, aber dennoch wichtige Entdeckungen, die ich wie folgt zusammenfasse:

1. Die Kraft zirkuliert im Körper ohne willentliche Steuerung, sie kann aber durch bewusste Anstrengung gelenkt werden. Wenn ein gezielter Wandel in der Bewusstseinsebene erreicht wird, erhält der Mensch ein wichtiges Zeichen für die Befreiung von den „natürlichen" Bedingungen, die sich anscheinend dem Bewusstsein aufdrängen.

2. Im Körper gibt es Kontrollpunkte für seine verschiedenartigen Tätigkeiten.

3. Es gibt Unterschiede zwischen dem Zustand des Wahren-Wachseins und anderen Bewusstseinsebenen.

4. Es ist möglich, die Kraft zum Punkt des wirklichen Erwachens zu lenken (wobei „Kraft“ als die geistige Energie, die bestimmte Bilder begleitet, und „Punkt“ als Lage eines Bildes an einem „Ort“ des Vorstellungsraumes zu verstehen ist).

Diese Schlussfolgerungen ließen mich in den Gebeten alter Völker den Keim einer großen Wahrheit erkennen, die durch die Riten und äußeren Praktiken verdunkelt wurde. Dadurch gelang es ihnen nicht, die innere Arbeit zu entwickeln, die – in ihrer vollkommenen Ausführung – den Menschen in Kontakt mit seiner leuchtenden Quelle bringt.

Schließlich bemerkte ich, dass meine „Entdeckungen“ gar keine solchen waren, sondern auf die innere Offenbarung zurückzuführen sind, zu der jeder Mensch gelangt, der frei von Widersprüchen das Licht in seinem eigenen Herzen sucht.

XIII. Die Grundsätze

Unsere Einstellung zum Leben und zu den Dingen verändert sich, wenn uns die innere Offenbarung wie ein Blitz trifft.

Wenn du den einzelnen Schritten langsam folgst und dabei sorgfältig über das nachsinnst, was gesagt wurde und was noch zu sagen bleibt, kannst du die Sinn-Leere in Sinn verwandeln. Es ist nicht gleichgültig, was du mit deinem Leben machst. Dein Leben, das Gesetzmäßigkeiten unterliegt, ist vor verschiedene Möglichkeiten gestellt, unter denen du wählen kannst. Ich spreche zu dir nicht von Freiheit, sondern ich spreche zu dir von Befreiung, von Bewegung und Prozess. Ich spreche zu dir von Freiheit nicht als etwas

Unbeweglichem, sondern davon, sich selbst Schritt für Schritt zu befreien – so wie sich jemand, der sich seiner Stadt nähert, vom bereits zurückgelegten Weg befreit. „Was man tun soll" hängt dann nicht mehr von einer fernen, unverständlichen und überkommenen Moral ab, sondern von Gesetzmäßigkeiten: Gesetzen des Lebens, des Lichtes und der Entwicklung.

Hier sind die so genannten „Grundsätze", die bei der Suche nach der inneren Einheit helfen können:

1. Wenn man sich der Entwicklung der Dinge entgegenstellt, geht man gegen sich selbst vor.

2. Wenn du etwas zu erzwingen versuchst, so erzeugst du das Gegenteil.

3. Widersetze dich nicht einer großen Kraft. Weiche zurück, bis sie schwächer wird, dann aber gehe mit Entschlossenheit voran.

4. Es ist gut, wenn die Dinge zusammen und nicht vereinzelt wirken.

5. Wenn für dich Tag und Nacht, Sommer und Winter gleich gut sind, hast du die Widersprüche überwunden.

6. Wenn du dem Vergnügen nachjagst, fesselst du dich ans Leiden. Solange du jedoch deiner Gesundheit nicht schadest, genieße unbefangen, wenn sich die Gelegenheit dazu bietet.

7. Wenn du einem Ziel nachjagst, machst du dich unfrei. Wenn du allem, was du tust, so nachgehst, als sei es ein Ziel in sich selbst, befreist du dich.

8. Deine Konflikte werden dann verschwinden, wenn du sie aus ihrem letzten Grund heraus verstehst, und nicht wenn du sie lösen willst.

9. Wenn du den anderen schadest, bleibst du unfrei. Solange du aber anderen nicht schadest, kannst du in Freiheit tun, was immer du magst.

10. Wenn du andere so behandelst, wie du selbst behandelt werden möchtest, befreist du dich.

11. Es kommt nicht darauf an, auf welche Seite dich die Ereignisse gestellt haben. Wichtig ist für dich, zu begreifen, dass du selbst keine Seite gewählt hast.

12. Die widersprüchlichen oder einheitlichen Handlungen sammeln sich in dir. Wenn du deine Handlungen innerer Einheit wiederholst, kann dich nichts mehr aufhalten.

Du wirst wie eine Naturgewalt sein, die auf ihrem Weg auf keinen Widerstand trifft. Lerne zu unterscheiden, dass eine Schwierigkeit, ein Problem oder ein Hindernis nicht dasselbe sind wie innerer Widerspruch. Während die einen dich bewegen oder gar anspornen, lähmen dich die anderen und halten dich in einem Teufelskreis gefangen.

Wann immer du eine große Kraft, Freude und Güte in deinem Herzen empfindest oder wann immer du dich frei und ohne Widersprüche fühlst, danke sogleich in deinem Inneren dafür. Wenn dir das Gegenteil widerfährt, dann bitte vertrauensvoll und jene Dankbarkeit, die du in dir angesammelt hast, wird zu deinem Nutzen verwandelt und verstärkt zu dir zurückkommen.

XIV. Die Führung auf dem inneren Weg

Wenn du das bis hierhin Dargelegte verstanden hast, kannst du durch eine einfache Übung das Auftreten der Kraft erleben. Nun ist es aber nicht dasselbe, ob du eine mehr oder weniger richtige geistige Haltung einnimmst (so als ob es sich um eine technische Aufgabe handeln würde) oder ob du eine bestimmte Grundstimmung und gefühlsmäßige Öffnung einnimmst, fast wie von einem Gedicht inspiriert. So erleichtert die Sprache, die zur Vermittlung dieser Wahrheiten benutzt wird, das Einnehmen eben dieser Haltung, die leichter zur Gegenwart der inneren Wahrnehmung führt und nicht etwa zu einer Idee über die „innere Wahrnehmung".

Nun folge aufmerksam dem, was ich dir jetzt erklären möchte. Denn hier geht es um die innere Landschaft, der du bei deiner Arbeit mit der Kraft begegnen kannst, sowie um die Richtungen, in die du deine geistigen Schritte lenken kannst:

„Auf dem inneren Pfad kannst du in der Finsternis oder im Licht wandeln. Achte auf die zwei Wege, die sich vor dir öffnen.

Wenn du zulässt, dass sich dein Wesen in dunkle Regionen stürzt, gewinnt dein Körper den Kampf und übernimmt die Herrschaft. Dann werden Empfindungen und Erscheinungen von Geistern, von Kräften und von Erinnerungen in dir aufkeimen. Auf diesem Weg sinkt man immer tiefer und tiefer hinab. Dort befinden sich der Hass, die

Rache, die Entfremdung, die Besitzgier, die Eifersucht und der Wunsch zum Verweilen. Wenn du noch tiefer hinabsteigst, werden die Enttäuschung, der Groll und all jene Wunschträume und Begierden von dir Besitz ergreifen, die der Menschheit Verderben und Tod gebracht haben.

Wenn du dein Wesen aber in eine lichtvolle Richtung lenkst, so wirst du bei jedem deiner Schritte Widerstand und Müdigkeit spüren. Für diese Müdigkeit beim Aufstieg gibt es Schuldige. Die Last deines Lebens, die Last deiner Erinnerungen wiegen schwer, und deine früheren Handlungen behindern deinen Aufstieg. Der Weg nach oben wird erschwert durch den Einfluss deines Körpers, der die Herrschaft zu übernehmen sucht.

Auf dem Wege des Aufstiegs wirst du fremde Regionen voll reiner Farben und unbekannter Klänge vorfinden.

Fliehe nicht vor der Reinigung, die wie Feuer wirkt und dich mit ihren Trugbildern schreckt.

Weise den Schrecken und die Entmutigung zurück.

Weise das Verlangen, in untere und dunkle Regionen fliehen zu wollen, zurück.

Weise die Anhänglichkeit an die Erinnerungen zurück.

Bleibe innerlich frei, gleichgültig gegenüber der Täuschung der Landschaft, mit Entschlossenheit beim Aufstieg.

Das reine Licht erstrahlt über den Gipfeln der großen Gebirgsketten und die Gewässer der tausend Farben fließen mit unerkennbaren Melodien zu den kristallenen Hochebenen und Wiesen herab.

Fürchte nicht den Druck des Lichts, der immer stärker wird und dich aus seiner Mitte drängt. Nimm es in dich auf, als ob es eine Flüssigkeit oder ein Wind wäre. Denn im Licht ist wahrhaftig das Leben.

Wenn du auf der großen Gebirgskette zu der verborgenen Stadt gelangst, musst du den Eingang kennen. Aber du wirst das in dem Moment wissen, da dein Leben gewandelt ist. Die gewaltigen Mauern der Stadt sind in Gestalten geschrieben, sie sind in Farben geschrieben, sie sind „empfunden". In dieser

Stadt ist das, was getan, und das, was zu tun ist, aufbewahrt... Aber für dein inneres Auge bleibt das Durchsichtige undurchsichtig. Ja, für dich sind die Mauern undurchdringbar!

Nimm die Kraft aus der verborgenen Stadt. Kehre zurück in die Welt des dicht gedrängten Lebens mit deiner leuchtenden Stirn und deinen leuchtenden Händen.“

XV. Die Erfahrung der Ruhe und das Durchströmen der Kraft

1. Entspanne völlig deinen Körper und beruhige deinen Geist. Dann stelle dir eine durchsichtige und leuchtende Kugel vor, die zu dir herabsinkt, bis sie schließlich in deinem Herzen zur Ruhe kommt. Sogleich wirst du erkennen, dass die Kugel nicht mehr als Bild erscheint, um sich in eine Empfindung innerhalb der Brust zu verwandeln.

2. Beobachte, wie sich die Empfindung der Kugel, in deinem Herzen beginnend, langsam über die Grenzen deines Körpers ausdehnt, während gleichzeitig deine Atmung freier und tiefer wird. Wenn die

Empfindung die Grenzen deines Körpers erreicht, kannst du den Vorgang anhalten und die Erfahrung innerer Ruhe empfinden. In diesem Zustand kannst du so lange verweilen, wie du es für gut hältst. Danach nehme die vorherige Ausdehnung wieder zurück, bis du wieder – wie zu Anfang – zum Herzen kommst. Dann löse die Kugel wieder von dir, um die Übung ruhig und gestärkt zu beenden. Diese Arbeit wird „Erfahrung der Ruhe" genannt.

3. Wenn du jedoch das Durchströmen der Kraft erfahren möchtest, solltest du die Ausdehnung, anstatt sie zurückzunehmen, weiter steigern. Folge ihr dabei mit deinen Gefühlen und deinem ganzen Wesen. Versuche dabei deiner Atmung keine Beachtung zu schenken; lass sie von selbst

wirken, während du mit der Ausdehnung außerhalb deines Körpers fortfährst.

4. Lass mich wiederholen: Deine Aufmerksamkeit muss dabei auf die Empfindung der sich ausdehnenden Kugel gerichtet sein. Wenn du dies nicht erreichen kannst, solltest du aufhören und es zu anderer Gelegenheit versuchen. Auch wenn du das Durchströmen der Kraft nicht erzeugen kannst, wirst du in jedem Fall eine interessante Empfindung der Ruhe erleben.

5. Wenn du aber weiter gegangen bist, wirst du beginnen, das Durchströmen der Kraft zu erleben. Von deinen Händen und anderen Bereichen deines Körpers werden ungewöhnliche Empfindungen ausgehen. Später wirst du zunehmende Wellenbe-

wegungen wahrnehmen und bald schon werden kraftvoll Bilder und Gefühle aufkommen. Dann lass es zu, dass sich das Durchströmen erzeugt…

6. Während du die Kraft empfängst, wirst du je nach den Vorstellungen, die dir normalerweise zu eigen sind, Licht oder fremde Klänge wahrnehmen. Wichtig ist auf jeden Fall die Erfahrung der Erweiterung des Bewusstseins. Eines der Anzeichen dafür ist eine größere Klarheit und die Bereitschaft, das zu verstehen, was geschieht.

7. Wenn du es wünschst, kannst du diesen besonderen Zustand beenden – falls er sich nicht schon vorher einfach im Verlauf aufgelöst hat. Dazu stellst du dir vor oder fühlst, dass sich die Kugel zusammenzieht

und sich auf demselben Weg von dir entfernt, wie sie zu Beginn gekommen ist.

8. Es ist interessant, zu verstehen, dass zahlreiche veränderte Bewusstseinszustände fast immer durch ähnliche, wie die eben beschriebenen Mechanismen, erreicht werden und wurden. Selbstverständlich werden solche Vorgänge in seltsame Rituale gekleidet oder durch Praktiken verstärkt, die zu körperlicher Erschöpfung führen, oder aus ungehemmten Bewegungen bestehen, ständiger Wiederholung bestimmter Abläufe oder gewisser körperlicher Haltungen. In allen diesen Fällen wird die Atmung anormal verändert und die allgemeine Empfindung des Körperinneren verzerrt. Zu diesem Feld solltest du auch die Hypnose, den Trancezustand eines Medi-

ums und die Wirkung von Drogen zählen, wobei diese auf anderen Wegen ähnliche Veränderungen erzeugen. Und gewiss tragen alle erwähnten Fälle das Merkmal der Nicht-Kontrolle und des Nicht-Erkennens dessen, was vor sich geht. Misstraue solchen Erscheinungen und betrachte sie als einfache „Trance“ wie die, die – den Legenden nach – die Unwissenden, die Forscher und sogar die „Heiligen“ erlebt haben.

9. Selbst wenn du bei der Arbeit alle Empfehlungen sorgfältig beachtet hast, kann es geschehen, dass du das Durchströmen der Kraft nicht bewirken konntest. Dies sollte keine Quelle der Besorgnis sein, sondern vielmehr ein Zeichen für einen Mangel an innerer „Gelöstheit“. Es könnte eine übermäßige Verspannung, Probleme mit der

Beweglichkeit der Bilder und, zusammengefasst, eine Zersplitterung des gefühlsmäßigen Verhaltens widerspiegeln – was wiederum auch in deinem täglichen Leben auftreten wird.

XVI. Projektion der Kraft

1. Wenn du das Durchströmen der Kraft erlebt hast, wirst du verstehen können, wie verschiedene Völker auf der Grundlage ähnlicher Phänomene – ohne sie jedoch annähernd zu verstehen – Riten und Kulte entwickelten, die sich später endlos vervielfachten. Durch Erfahrungen wie die vorher beschriebenen spürten viele Menschen ihre Körper „losgelöst". Die Erfahrung der Kraft gab ihnen das Gefühl, diese Energie nach außen projizieren zu können.

2. Die Kraft wurde sowohl auf andere Menschen als auch auf bestimmte Gegenstände „projiziert", die besonders „geeignet" waren, die Kraft aufzunehmen und zu bewahren.

Es wird dir sicher nicht schwer fallen, die Funktion gewisser Sakramente in verschiedenen Religionen in diesem Sinne zu begreifen. Genauso ist auch die Bedeutung von geheiligten Plätzen und Priestern zu verstehen, die angeblich mit der Kraft „aufgeladen“ sind. Wenn in den Tempeln bestimmte Gegenstände gläubig verehrt wurden und man sie mit Zeremonien und Riten umhüllte „gaben“ sie die Energie, die sich in wiederholten Gebeten angesammelt hatte, sicherlich an die Gläubigen „zurück“. Das Wissen um die menschliche Tatsache wurde dadurch beschränkt, dass man diese Dinge fast immer durch äußere Erklärungen wie Kultur, Raum, Geschichte und Tradition interpretiert hat, während die grundlegende innere Erfahrung doch ein wesentlicher Anhaltspunkt ist, all dies zu verstehen.

3. Dieses „Projizieren“, „Aufladen“ und „Zurückgeben“ der Kraft wird uns später noch beschäftigen. Aber ich sage dir schon jetzt, dass derselbe Mechanismus sogar in verweltlichten Gesellschaften immer noch wirkt. Ihre Führer und angesehenen Leute sind für diejenigen, die sie so sehen, von einer besonderen Vorstellung umhüllt, die bis hin zu dem Wunsch führt, sie zu “berühren” oder sich eines Teils ihrer Kleidung oder ihrer Utensilien zu bemächtigen.

4. Denn jede Vorstellung des „Hohen“ befindet sich oberhalb der normalen Blickrichtung des Auges. Und „hoch“ sind die Persönlichkeiten, welche Güte, Weisheit und Kraft „besitzen“. Und „oben“ befinden sich die Hierarchien und die Macht und die Fahnen und der Staat. Und wir

gewöhnliche Sterbliche müssen auf der Gesellschaftsleiter „aufsteigen“ und uns der Macht um jeden Preis nähern. Wie schlecht steht es um uns, immer noch gesteuert von diesen Mechanismen, die der inneren Vorstellung entsprechen, mit unserem Kopf in der „Höhe“ und mit unseren Füssen auf der Erde. Wie schlecht steht es um uns, wenn wir an diese Dinge glauben, (und man glaubt daran, weil sie ihre „Realität“ in der inneren Vorstellung haben). Wie schlecht steht es um uns, wenn unser äußerer Blick nichts anderes ist als die unwissende Projektion unseres inneren Blicks.

XVII. Verlust und Unterdrückung der Kraft

1. Die stärksten Energieentladungen werden durch unkontrollierte Handlungen hervorgerufen. Dazu gehören: ungezügelte Vorstellung, grenzenlose Neugierde, maßloses Geschwätz, übermäßige Sexualität und übertriebene Wahrnehmung (maß- und zielloses Sehen, Hören, Schmecken usw.). Doch du solltest auch erkennen, dass viele Menschen auf diese Weise ihre Spannungen entladen, die sonst schmerzhaft wären. Wenn du das in Betracht ziehst und die Funktion dieser Entladungen erkennst, wirst du mit mir übereinstimmen, dass es nicht sinnvoll ist, sie zu unterdrücken. Es geht vielmehr darum, sie zu ordnen.

2. In Bezug auf die Sexualität solltest du folgendes richtig verstehen: Diese Funktion darf nicht unterdrückt werden, da sie sonst quälende Auswirkungen und inneren Widerspruch hervorruft. Die Sexualität richtet sich auf ihren Akt und endet mit ihm. Aber es ist nicht ratsam, dass sie die Vorstellungskraft darüber hinaus beschäftigt oder zur zwanghaften Suche nach einem neuen Objekt der Begierde führt.

3. Die Kontrolle der Sexualität durch eine bestimmte gesellschaftliche oder religiöse „Moral" diente Zwecken, die nichts mit der menschlichen Entwicklung, sondern eher mit ihrem Gegenteil zu tun hatten.

4. In den Gesellschaften, in denen eine starke Verdrängung vorherrschte, floss die Kraft

(die Energie der Vorstellung der innerkörperlichen Empfindungen) ins Dämmerhafte, und so häuften sich hier die Fälle der „Besessenen", der „Hexenmeister", der Frevler und Verbrecher aller Art, die sich am Leiden und an der Zerstörung des Lebens und der Schönheit ergötzten. In einigen Stämmen und Zivilisationen standen die Verbrecher sowohl auf der Seite der Ankläger als auch der Angeklagten. In anderen Fällen wurde alles verfolgt, was Wissenschaft und Fortschritt war, da sich diese dem Irrationalen, dem Dämmerhaften und der Verdrängung widersetzten.

5. Die Verdrängung der Sexualität findet man auch heute noch bei gewissen primitiven Völkern genauso wie in einigen so genannten „fortschrittlichen Zivilisationen". Ob-

wohl die Ursache hierfür in beiden Fällen unterschiedlich ist, ist die zerstörerische Wirkung bei beiden doch erheblich.

6. Wenn du mich um weitere Erklärungen bittest, werde ich dir sagen, dass die Sexualität in Wirklichkeit heilig ist, ja das Zentrum darstellt, aus dem das Leben und alles Schöpferische entspringt. Ebenso entspringt aber auch jede Form der Zerstörung aus ihr, wenn sie nicht reibungslos funktioniert.

7. Glaube niemals die Lügen derer, die das Leben mit ihrer Behauptung vergiften, die Sexualität sei etwas Verächtliches. Ganz im Gegenteil, es liegt Schönheit in ihr, und nicht umsonst ist sie mit den besten Gefühlen der Liebe verbunden.

8. Gehe daher sorgfältig mit ihr um, und betrachte sie als ein großes Wunder, das mit Zartgefühl zu behandeln ist, ohne sie in eine Quelle von Widerspruch oder in eine Zerstörung der Lebensenergie zu verwandeln.

XVIII. Wirkung und Rückwirkung der Kraft

Weiter vorne habe ich dir erklärt: „Wann immer du eine große Kraft, Freude und Güte in deinem Herzen empfindest oder wann immer du dich frei und ohne Widersprüche fühlst, danke sogleich in deinem Inneren dafür."

1. „Dankbar zu sein" bedeutet, die Zustände positiver Stimmung, verbunden mit einem Bild, mit einer Vorstellung, zu konzentrieren. Die auf diese Weise mit dem Bild verknüpfte positive Stimmung erlaubt es, dass in ungünstigen Situationen durch das Wachrufen des Bildes oder der Vorstellung jene Stimmung wieder auftaucht, die sie in früheren Momenten begleitete. Da die-

se geistige „Ladung“ durch vorangegangene Wiederholungen verstärkt sein kann, ist sie fähig, die unter bestimmten Umständen auftretenden negativen Gefühle zu ersetzen.

2. Aus all diesen Gründen wird das, worum du bittest, zu deinem Nutzen verstärkt aus deinem Inneren zurückkommen, vorausgesetzt, du hast zahlreiche positive Zustände in dir gespeichert. Ich brauche nicht mehr zu wiederholen, dass dieser Mechanismus (irrtümlicherweise) dazu diente, Objekte oder Personen oder auch innere Wesen, die in die Welt „projiziert“ wurden, „außerhalb aufzuladen“ und dabei zu glauben, dass sie Rufe und Bitten erhören würden.

XIX. Die inneren Zustände

Nun solltest du eine ausreichende Wahrnehmung der inneren Zustände haben, in denen du dich im Laufe deines Lebens wiederfinden kannst, die dir aber vor allem in deiner Entwicklungsarbeit begegnen. Ich kann sie nicht anders als durch Bilder (in diesem Fall Allegorien) beschreiben. Es scheint mir, dass diese die Fähigkeit haben, komplexe Gemütszustände „anschaulich" zu verdichten. Andererseits bringt die Eigentümlichkeit, solche Zustände so zu verketten, als seien sie verschiedene Momente ein und desselben Prozesses, eine Variante in die immer bruchstückhaften Beschreibungen, an die uns diejenigen gewöhnt haben, die sich mit diesen Dingen beschäftigen.

1. Der erste Zustand, in dem die Sinn-Leere vorherrscht (die wir zu Beginn dieser Schrift erwähnt haben), wird „diffuser Lebenstrieb“ genannt. Alles richtet sich nach den körperlichen Bedürfnissen, die aber häufig mit Wünschen und widersprüchlichen Bildern verwechselt werden. Dort liegen die Beweggründe und alles, was getan wird, im Dunkeln. In diesem Zustand vegetiert man zwischen wechselnden Formen verloren dahin. Von hier aus kann man sich nur auf zwei Wegen weiter entwickeln: dem Weg des Todes oder dem der Mutation.

2. Der Weg des Todes führt dich in die Gegenwart einer dunklen und chaotischen Landschaft. Die alten Völker kannten diesen Durchgang, und fast immer verlegten

sie ihn „unter die Erde" oder in abgründige Tiefen. Manche besuchten dieses Reich auch, um später auf lichtvollen Ebenen wieder „aufzuerstehen". Verstehe gut, dass „unterhalb" des Todes der diffuse Lebenstrieb herrscht. Der menschliche Geist bringt wohl die Auflösung durch den Tod mit späteren Umwandlungserscheinungen in Zusammenhang, und vielleicht verbindet er auch die diffuse Bewegung mit der Phase vor der Geburt. Wenn du die Richtung des Aufstiegs verfolgst, bedeutet der „Tod" für dich einen Bruch mit deinem früheren Zustand. Auf dem Weg des Todes steigt man zu einem anderen Zustand auf.

3. Erreicht man ihn, gelangt man zur Bleibe des Rückschritts. Von hier öffnen sich zwei Wege: der Weg der Reue und jener ande-

re, der zum Aufstieg gedient hat, das heißt der Weg des Todes. Wenn du den ersten nimmst, dann, weil deine Entscheidung dazu neigt, mit deinem vergangenen Leben zu brechen. Wenn du auf dem Weg des Todes zurückkehrst, fällst du mit der Empfindung eines geschlossenen Kreises in die Abgründe zurück.

4. Nun gut, ich habe dir gesagt, dass es noch einen anderen Pfad gäbe, dem abgründigen Lebenstrieb zu entfliehen, nämlich den Weg der Mutation. Wenn du diesen Weg wählst, möchtest du aus deinem leidvollen Zustand herauskommen, bist jedoch nicht bereit, einige seiner scheinbaren Vorteile aufzugeben. Dies ist folglich ein falscher Weg, bekannt als der „Pfad zur linken Hand". Viele Ungeheuer sind aus den

Tiefen dieses gewundenen Ganges hervorgekommen. Sie wollten den Himmel im Sturm nehmen, ohne die Hölle aufzugeben, und haben deshalb unendlichen Widerspruch in die dazwischen liegende Welt gebracht.

5. Ich nehme an, dass du durch den Aufstieg vom Reich des Todes und durch bewusste Reue schon in der Wohnstätte der Neigung angelangt bist. Zwei dünne Träger stützen deine Wohnstätte, das Bewahren und das Scheitern. Das Bewahren ist falsch und unbeständig. Wenn du diesen Weg gehst, täuschst du dich mit der Illusion der Beständigkeit, aber in Wirklichkeit fällst du rasch hinab. Wenn du den Weg des Scheiterns nimmst, wird dein Aufstieg zwar mühevoll, aber der einzig-nicht-falsche sein.

6. Von Fehlschlag zu Fehlschlag kannst du zur nächsten Raststätte gelangen, die „Wohnstätte der Abzweigung" heißt. Achte auf die zwei Wege, die du jetzt vor dir hast. Entweder du nimmst den Weg der Entschlossenheit, der dich zur Erzeugung führt, oder du nimmst den Weg des Ressentiments, der dich aufs Neue zum Rückschritt hinabsteigen lässt. Hier bist du vor folgendes Dilemma gestellt: Entweder du entscheidest dich für das Labyrinth des bewussten Lebens (und tust es mit Entschlossenheit), oder du kehrst voller Ressentiment zu deinem früheren Leben zurück. Zahlreich sind diejenigen, denen es nicht gelungen ist, sich zu überwinden, und die sich hier ihre Möglichkeiten abschneiden.

7. Aber du, der du mit Entschlossenheit aufgestiegen bist, erreichst nun die Herberge, die als „Erzeugung“ bekannt ist. Hier hast du drei Türen: Eine heißt „Sturz“, die andere „Versuch“ und die dritte „Abwertung“. Der Sturz trägt dich geradewegs in die Tiefen, und nur ein äußeres Unglück kann dich in diese Richtung hinabstoßen. Diese Tür wirst du kaum wählen. Diejenige der Abwertung dagegen führt dich indirekt in die Abgründe, indem sie dich die Wege auf einer Art wirbelnder Spirale zurückführt, in der du ununterbrochen überlegst, was du alles verloren und was du alles geopfert hast. Diese Gewissensprüfung, die zur Abwertung führt, ist aber gewiss eine falsche Prüfung, in der du einige Dinge, die du vergleichst, unterschätzt und so in ein Missverhältnis bringst. Du vergleichst die An-

strengungen des Aufstiegs mit den „Vorteilen“, die du aufgegeben hast. Aber wenn du näher hinschaust, wirst du erkennen, dass du nichts deswegen aufgegeben hast – die Beweggründe waren andere. Die Abwertung beginnt also dann, wenn man die Beweggründe verfälscht, die mit dem Aufstieg anscheinend nichts zu tun hatten. Ich frage jetzt: Wodurch wird der Geist verraten? Vielleicht durch die falschen Beweggründe der anfänglichen Begeisterung? Vielleicht durch die Schwierigkeit des Unterfangens? Vielleicht durch die falsche Erinnerung an Opfer, die es nicht gab oder die aus anderen Gründen gebracht wurden? Ich spreche jetzt zu dir und frage dich: Dein Haus stand schon lange in Flammen. Deshalb hattest du dich für den Aufstieg entschieden. Oder denkst du jetzt, dass dein Haus durch den Aufstieg in Flammen aufging? Hast du vielleicht einmal geschaut, was mit den umliegenden Häusern geschah? … Es gibt keinen Zweifel, du musst die mittlere Tür wählen.

8. Steige die Sprossen des Versuchs empor, und du wirst zu einer instabilen Kuppel gelangen. Bewege dich von hier aus durch einen engen und gewundenen Gang fort, den du als „Unbeständigkeit" erkennen wirst, bis du zu einem weiten und leeren Raum (wie eine Plattform) gelangst, der den Namen „offener-Raum-der-Energie" trägt.

9. Es kann sein, dass du in diesem Raum vor der öden und unermesslichen Landschaft und vor der angsteinflössenden Stille dieser von riesigen, unbeweglichen Sternen

verklärten Nacht erschrickst. Hier, genau über deinem Haupt, wirst du ans Firmament geheftet die einschmeichelnde Form des Schwarzen Mondes erblicken… eines seltsamen, verfinsterten Mondes, der der Sonne genau gegenüber steht. Hier musst du auf den Tagesanbruch warten, in Geduld und Glauben, denn nichts Schlimmes kann geschehen, wenn du ruhig bleibst.

10. Es könnte sein, dass du dir in dieser Situation einen schnellen Ausweg verschaffen möchtest. Wenn das geschieht, wirst du dich aufs Geratewohl auf den Weg zu irgendeinem Ort begeben, anstatt klugerweise auf den Tag zu warten. Du musst dich erinnern, dass hier (in der Dunkelheit) jede Bewegung falsch ist und allgemein „Improvisation“ genannt wird. Wenn du vergisst,

was ich dir jetzt sage, und Bewegungen zu improvisieren beginnst, sei sicher, dass du von einem Wirbelwind über alle Pfade und Stätten zurück in die finsterste Tiefe der Auflösung geschleudert wirst.

11. Wie schwer ist es zu verstehen, dass die inneren Zustände miteinander verkettet sind! Wenn du sehen würdest, welch unbeugsame Logik das Bewusstsein hat, würdest du erkennen, dass wer in einer Situation wie der beschriebenen blind improvisiert, verhängnisvollerweise beginnt, abzuwerten – auch sich selbst. Dann tauchen Gefühle von Frustration in ihm auf, und er verfällt bald dem Ressentiment und dem Tod, bis alles, was er an manchen Tagen wahrnehmen konnte, schließlich dem Vergessen anheim fällt.

12. Wenn es dir gelingt, an dem weiten Platz den Tag zu erleben, wird die strahlende Sonne vor deinen Augen aufgehen und dir die Wirklichkeit zum ersten Mal erhellen. Dann wirst du erkennen, dass in allem Existierenden ein Plan lebt.

13. Von hier wirst du kaum herabfallen, es sei denn, du möchtest freiwillig in dunklere Bereiche hinabsteigen, um das Licht in die Finsternis zu tragen.

Es führt zu nichts, diese Themen weiter zu entwickeln, denn ohne die entsprechenden Erfahrungen führen sie in die Irre und verlagern das Machbare in den Bereich des Vorgestellten. Möge das bis hierher Gesagte nützen. Wenn dir diese Erklärungen nicht nützlich erscheinen, was könntest du dagegen einwen-

den, gibt es doch für den Skeptizismus – der dem Bild in einem Spiegel, dem Klang eines Echos, dem Schatten eines Schattens gleicht – kein Fundament und keinen Grund.

XX. Die innere Wirklichkeit

1. Vergegenwärtige dir meine Betrachtungen. In ihnen sollst du nichts Anderes als sinnbildliche Erscheinungen und Landschaften der äußeren Welt intuitiv erfassen. Doch es gibt in ihnen auch wirkliche Beschreibungen der geistigen Welt.

2. Genauso wenig solltest du glauben, dass die „Orte", die du auf deiner Reise durchläufst, irgendeine Art von unabhängigem Dasein hätten. Solch eine Verwechslung hat oft tiefe Lehren verdunkelt, und noch heute glauben manche Menschen daran, dass Himmel, Hölle, Engel, Dämonen, Ungeheuer, verwunschene Schlösser, ferne Städte und dergleichen eine sichtbare

Wirklichkeit für die „Erleuchteten" darstellten. Im selben Vorurteil, jedoch im umgekehrten Sinne, waren die Skeptiker gefangen, die fern der Weisheit diese Dinge schlichtweg für Illusionen oder Halluzinationen fiebriger Gehirne hielten.

3. Ich muss also wiederholen, dass du bei allem Gesagten folgendes verstehen musst: Es handelt sich um wirkliche geistige Zustände, auch wenn sie durch Gegenstände der äußeren Welt symbolisiert wurden.

4. Denke gut über das Gesagte nach und lerne, die Wahrheit hinter den Allegorien zu entdecken. Diese können zwar zuweilen den Geist ablenken, doch übersetzen sie manchmal Wirklichkeiten, die ohne bildliche Darstellung unbegreiflich blieben.

Wann immer die Rede von den Städten der Götter war, zu denen zahlreiche Helden verschiedenster Völker gelangen wollten, wann immer die Rede von Paradiesen war, in denen Götter und Menschen in ihrer ursprünglichen, verklärten Natur zusammenlebten, wann immer die Rede von Stürzen und Sintfluten war, wurde eine große innere Wahrheit ausgesprochen.

Später brachten uns die Erlöser ihre Botschaften und kamen zu uns in ihrer Doppelnatur, um die verlorene und lang ersehnte Einheit wieder herzustellen. Auch da wurde eine große innere Wahrheit ausgesprochen.

Wenn aber über all das gesprochen wurde und man es außerhalb des Geistes ansiedelte, so wurde ein Fehler gemacht oder es wurde gelogen.

Und wenn umgekehrt die äußere Welt mit dem inneren Blick verwechselt wird, zwingt sie ihn, neue Wege zu beschreiten.

Und so fliegt heute der Held dieses Zeitalters zu den Sternen. Er fliegt durch Gegenden, die zuvor unbekannt waren. Er fliegt aus seiner Welt hinaus, und wird, ohne es zu wissen, zum inneren und leuchtenden Zentrum hin getrieben.

Die Erfahrung

Grundzeremonie

Wird auf Wunsch einer Gruppe durchgeführt.

Zelebrant: Mein Geist ist unruhig.

Alle: Mein Geist ist unruhig.

Zelebrant: Mein Herz aufgeregt.

Alle: Mein Herz aufgeregt.

Zelebrant: Mein Körper angespannt.

Alle: Mein Körper angespannt.

Zelebrant: Ich entspanne meinen Körper, mein Herz und meinen Geist.

Alle: Ich entspanne meinen Körper, mein Herz und meinen Geist.

Wenn möglich, sitzen die Anwesenden. Der Helfer steht auf und zitiert einen zu den Umständen passenden Grundsatz bzw. Gedanken aus „Dem Inneren Blick“ und lädt dazu ein, darüber nachzusinnen. Nachdem einige Minuten verstrichen sind, liest der Zelebrant im Stehen langsam die folgenden Sätze, wobei er nach jedem Satz eine Pause macht.

Zelebrant: Entspanne vollkommen deinen Körper und beruhige deinen Geist…

Dann stelle dir eine durchsichtige und leuchtende Kugel vor, die zu dir herabsinkt, bis sie schließlich in deinem Herzen zur Ruhe kommt…

Du wirst spüren, wie die Kugel beginnt, sich in eine Empfindung zu verwandeln, die sich im Inneren deiner Brust ausbreitet…

Die Empfindung der Kugel dehnt sich von deinem Herzen zum Äußeren deines Körpers hin aus, während du gleichzeitig deine Atmung erweiterst…

In deinen Händen und im Rest deines Körpers wirst du neue Empfindungen spüren…

Du wirst zunehmende Wellenbewegungen wahrnehmen, und positive Gefühle und Erinnerungen werden hervorkommen…

Lass zu, dass sich das Durchströmen der Kraft frei erzeugt. Diese Kraft, die deinem Körper und deinem Geist Energie gibt…

Lass zu, dass sich die Kraft in dir äußert…

Versuche, ihr Licht im Inneren deiner Augen zu sehen, und verhindere nicht, dass sie von selbst wirkt…

Spüre die Kraft und ihr inneres Leuchten…

Lass, dass sie sich frei äußert…

Helfer: Mit dieser Kraft, die wir empfangen haben, konzentrieren wir den Geist auf die Erfüllung dessen, was wir wirklich brauchen…

Er lädt alle ein, sich zu erheben, um die Bitte zu stellen. Dann lässt man einige Zeit vergehen.

Zelebrant: Friede, Kraft und Freude!

Alle: Auch für dich, Friede, Kraft und Freude.

Handauflegung

Wird auf Wunsch einer oder mehrerer Personen durchgeführt. Zelebrant und Helfer stehen.

Zelebrant: Mein Geist ist unruhig.

Alle: Mein Geist ist unruhig.

Zelebrant: Mein Herz aufgeregt.

Alle: Mein Herz aufgeregt.

Zelebrant: Mein Körper angespannt.

Alle: Mein Körper angespannt.

Zelebrant: Ich entspanne meinen Körper, mein Herz und meinen Geist.

Alle: Ich entspanne meinen Körper, mein Herz und meinen Geist.

Zelebrant und Helfer setzen sich und lassen einige Zeit verstreichen. Der Zelebrant steht auf.

Zelebrant: Wenn du die Kraft empfangen möchtest, musst du verstehen, dass du in dem Moment der Handauflegung beginnen wirst, neue Empfindungen wahrzunehmen. Du wirst zunehmende Wellenbewegungen wahrnehmen, und positive Gefühle und Erinnerungen werden hervorkommen. Wenn das geschieht, lass zu, dass sich das Durchströmen der Kraft frei erzeugt…

Lass zu, dass sich die Kraft in dir äußert und verhindere nicht, dass sie von selbst wirkt…

Spüre die Kraft und ihr inneres Leuchten…

Lass, dass sie sich frei äußert…

Nach einer Weile steht der Helfer auf.

Helfer: Wer die Kraft empfangen möchte, mag aufstehen.

Der Helfer lädt – angemessen an die Zahl der Teilnehmer – dazu ein, sich neben die Sitze zu stellen oder einen Kreis um den Zelebranten zu bilden. Nach einem Moment, beginnt der Zelebrant mit der Handauflegung. Falls erforderlich, unterstützt der Helfer die Teilnehmer beim Aufstellen oder, unter Umständen, begleitet er die einen oder anderen zu ihren Sitzplätzen. Nach Beenden der Handauflegung wird Zeit für die Verarbeitung der Erfahrung eingeräumt.

Helfer: Mit dieser Kraft, die wir empfangen haben, konzentrieren wir den Geist auf die Erfüllung dessen, was wir wirklich brauchen, oder wir konzentrieren den Geist auf das, was einer unserer liebsten Menschen wirklich braucht.

Er lädt alle ein, sich zu erheben, um im Stillen ihre Bitten zu stellen. Gelegentlich äußert jemand unter den Teilnehmern eine Bitte für eine anwesende oder abwesende Person.

Man lässt einige Zeit verstreichen.

Zelebrant: Friede, Kraft und Freude!

Alle: Auch für dich, Friede, Kraft und Freude.

Wohlergehen

Wird auf Wunsch einer Gruppe durchgeführt. Die Teilnehmer sitzen wenn möglich. Zelebrant und Helfer stehen.

Helfer: Wir sind hier zusammengekommen, um uns an unsere geliebten Menschen zu erinnern. Einige von ihnen haben Schwierigkeiten in ihrem Gefühlsleben, ihren Beziehungen oder mit ihrer Gesundheit. Auf sie richten wir unsere Gedanken und unsere besten Wünsche.

Zelebrant: Wir vertrauen darauf, dass unsere Bitte um Wohlergehen sie erreicht. Wir denken an unsere geliebten Menschen, wir spüren die Gegenwart unserer geliebten Menschen und erfahren den Kontakt zu unseren geliebten Menschen.

Helfer: Nehmen wir uns etwas Zeit, um über die Schwierigkeiten nachzusinnen, die diese Menschen erleiden…

Man lässt einige Minuten Zeit, damit die Teilnehmer nachsinnen können.

Zelebrant: Jetzt wollen wir diese Menschen unsere besten Wünsche spüren lassen. Eine Welle von Erleichterung und Wohlergehen soll sie erreichen...

Helfer: Nehmen wir uns etwas Zeit, um uns im Geiste die Situation des Wohlergehens vorzustellen, die wir unseren geliebten Menschen wünschen.

Man lässt den Teilnehmern einige Minuten Zeit, damit sie ihren Geist darauf konzentrieren können.

Zelebrant: Beschließen wir nun diese Zeremonie, indem wir denen, die es möchten, Gelegenheit geben, die Gegenwart jener sehr geliebten Menschen zu spüren, die – auch wenn sie nicht hier in unserer Zeit und in unserem Raum sind – mit uns durch die Erfahrung der Liebe, des Friedens und der warmen Freude verbunden sind…

Man lässt etwas Zeit verstreichen.

Zelebrant: Das war gut für andere, stärkend für uns und inspirierend für unser Leben. Wir grüßen alle, umgeben von diesem Strom des Wohlergehens, der durch die besten Wünsche der hier Anwesenden gestärkt wird.

Schutz

Individuelle oder gemeinsame Zeremonie. Alle Teilnehmer stehen. Zelebrant und Helfer stehen den Kindern gegenüber, die von den Teilnehmern umgeben sind.

Helfer: Ziel dieser Zeremonie ist es, die Kinder an unserer Gemeinschaft teilhaben zu lassen.

Von alters her sind die Kinder Gegenstand von Zeremonien wie Taufe, Namensgebung, usw. gewesen. Mittels dieser Feierlichkeiten hat man den Wechsel eines Zustandes, einer Etappe im Menschen anerkannt.

Es gab von jeher und es gibt immer noch gewisse zivilrechtliche Formalitäten, wodurch die Geburt, der Geburtsort, usw. dokumentiert werden. Die spirituelle Transzendenz, die eine Zeremonie wie diese begleitet, hat jedoch nichts mit der Gefühlskälte einer Urkunde zu tun. Vielmehr ist sie mit der großen Freude der Eltern und der Gemeinschaft bei der öffentlichen Vorstellung der Kinder verbunden.

Durch diese Zeremonie ändert sich die Situation der Kinder: Sie werden Teil einer Gemeinschaft, die sich verpflichtet, sich um ihr Wohl zu kümmern, falls unglückliche Umstände sie hilfsbedürftig machen sollten.

In dieser Zeremonie bittet man um Schutz für die Kinder, und die Gemeinschaft nimmt sie als ihre neuen Kinder auf.

Man lässt einige Zeit verstreichen. Dann wendet sich der Zelebrant freundlich an die Teilnehmer.

Zelebrant: Wir bitten um Schutz für diese Kinder.

Helfer: Wir nehmen sie mit großer Freude auf und verpflichten uns, sie zu schützen.

Zelebrant: Erheben wir nun unsere besten Wünsche… Friede und Freude für alle!

Er legt freundlich eine Hand auf den Kopf eines jeden Kindes und küsst es auf die Stirn.

Ehe

Alle Teilnehmer stehend. Ein Paar oder mehrere Paare. Zelebrant und Helfer stehen den Paaren gegenüber.

Helfer: Von alters her sind Hochzeiten Zeremonien zum Standeswechsel der Personen.

Wenn jemand eine Etappe seines Lebens beendet oder eine neue beginnt, pflegt man dieses Ereignis mit einem bestimmten Ritual zu begleiten. Unser persönliches und gesellschaftliches Leben ist mit Ritualen verbunden, die durch Gebräuche mehr oder weniger akzeptiert sind. Am Morgen begrüßen wir uns anders als am Abend; wir geben einem Bekannten die Hand; wir feiern einen Geburtstag, den Abschluss eines Studiums oder die Annahme einer neuen Arbeitsstelle. Unsere sportlichen Ereignisse sind von Ritualen begleitet, und unsere religiösen, parteipolitischen oder bürgerlichen Zeremonien versetzen uns jeweils in die entsprechende Stimmung.

Die Ehe kennzeichnet einen wichtigen Standeswechsel der Person und in allen Nationen sind hierfür bestimmte gesetzliche Formalitäten zu erfüllen. Mit anderen Worten: die eheliche Beziehung versetzt die Partner gegenüber der Gemeinschaft und dem Staat in eine neue Situation. Wenn ein Paar jedoch eheliche Bande knüpft, so tut es dies im Sinne eines neuen Lebensstils, mit tiefem Gefühl und nicht als einfache Formalität.

Und so wird in dieser Zeremonie zum Standeswechsel die Absicht deutlich, eine neue und, wenn möglich dauerhafte Bindung mit einer anderen Person zu schaffen. Es besteht der Wunsch, das Beste vom Anderen zu erhalten und ihm das Beste zu geben. Es besteht die Absicht die Bindung, durch die Geburt oder die Adoption von Kindern zu erweitern.

Wenn wir die Eheschließung so betrachten, messen wir der Gesetzlichkeit dieser Bindung zwar eine Bedeutung bei. Was jedoch den spirituellen und gefühlsmäßigen Sinn betrifft, sagen wir, dass nur die Ehepartner selbst dieser Zeremonie Bedeutung verleihen.

Mit anderen Worten: Diese Zeremonie versetzt zwei Menschen in die Lage, ein neues Leben zu beginnen. Und eben in dieser Zeremonie vollziehen die Partner gemäß ihrer eigenen Gefühle diese tiefe Vereinigung.

Wir schließen keine Ehe, sondern sie verehelichen sich vor unserer Gemeinschaft.

Zelebrant: Und damit diese Zeremonie eine richtige und wirkliche Zeremonie ist, fragen wir *(er wendet sich an einen der Partner)*: Was bedeutet für dich diese Ehe?

Die oder der Angesprochene erklärt mit lauter Stimme…

Zelebrant: *(Er wendet sich an den anderen Partner)* Und was bedeutet für dich diese Ehe?

Die oder der Angesprochene erklärt mit lauter Stimme…

Zelebrant: Und so wird diese Ehe euren ausgedrückten Wünschen und euren tiefsten Absichten entsprechen. *(Er grüßt das Paar bzw. die Paare herzlich)*.

Beistand

Diese Zeremonie ist voller Zuneigung und erfordert, dass der Zelebrant das Beste von sich gibt.

Diese Zeremonie kann auf Wunsch der interessierten Person oder jener Menschen, die sich um sie kümmern, wiederholt werden.

Der Zelebrant ist mit der sterbenden Person alleine.

Unabhängig davon, ob die sterbende Person wach oder bewusstlos scheint, spricht der Zelebrant nahe bei ihr, langsam und mit sanfter und deutlicher Stimme:

Zelebrant: Die Erinnerungen an dein Leben sind das Gericht über deine Handlungen. Du kannst dich in kurzer Zeit an vieles vom Besten in dir erinnern. Erinnere dich also, aber ohne Schrecken, und reinige dein Gedächtnis. Erinnere dich sanft und beruhige deinen Geist…

Nach einer Stille von einigen Minuten ergreift er wieder das Wort, im gleichen Ton und mit der gleichen Intensität.

Weise jetzt den Schrecken und die Entmutigung zurück…

Weise jetzt das Verlangen zurück, in dunkle Regionen fliehen zu wollen…

Weise die Anhänglichkeit an die Erinnerungen zurück…

Bleibe jetzt innerlich frei, gleichgültig gegenüber der Täuschung der Landschaft…

……………………………………

Fasse jetzt den Entschluss zum Aufstieg…

Das reine Licht erstrahlt über den Gipfeln der großen Gebirgsketten, und die Gewässer der tausend Farben fließen mit unerkennbaren Melodien zu den kristallenen Hochebenen und Wiesen herab…

Fürchte nicht den Druck des Lichts, der immer stärker wird und dich aus seiner Mitte drängt. Nimm es in dich auf, als ob es eine Flüssigkeit oder ein Wind wäre. Denn im Licht ist wahrhaftig das Leben.

Wenn du auf der großen Gebirgskette zu der verborgenen Stadt gelangst, musst du den Eingang kennen. Aber du wirst das in dem Moment wissen, da dein Leben gewandelt ist. Die gewaltigen Mauern der Stadt sind in Gestalten geschrieben, sie sind in Farben geschrieben, sie sind „empfunden". In dieser

Stadt ist das, was getan, und das, was zu tun ist, aufbewahrt…

Nach kurzem Schweigen ergreift er wieder das Wort, im gleichen Ton und in der gleichen Intensität.

Du bist versöhnt…

Du bist gereinigt…

Bereite dich vor, in die schönste Stadt des Lichts einzutreten, in diese Stadt, die niemals vom Auge wahrgenommen wurde, deren Gesang niemals vom menschlichen Ohr vernommen wurde…

Komm, bereite dich vor, in das schönste Licht einzutreten…

Tod

Zelebrant: Das Leben in diesem Körper ist erloschen. Wir müssen uns bemühen, in unserem Geist das Bild dieses Körpers vom Bild der Person zu trennen, an die wir uns jetzt erinnern…

Dieser Körper hört uns nicht. Dieser Körper ist nicht jene Person, an die wir uns erinnern…

Wer die Gegenwart eines anderen, vom Körper getrennten Lebens nicht spürt, mag folgendes erwägen: Obwohl der Tod diesen Körper gelähmt hat, werden die Handlungen, die im Leben vollbracht wurden, weiterwirken, und ihr Einfluss wird nie aufhören. Diese Kette von Handlungen, die während des Lebens in Gang gesetzt wurde, kann vom Tod nicht aufgehalten werden. Wie tief ist das Nachsinnen über diese Wahrheit, selbst wenn wir nicht ganz begreifen, wie eine Handlung sich in eine andere verwandelt!

Und wer die Gegenwart eines anderen, vom Körper getrennten Lebens spürt, sollte genauso darüber nachdenken, dass der Tod nur den Körper gelähmt hat, dass der Geist sich wieder einmal siegreich befreit hat und sich den Weg zum Licht bahnt…

Wie auch immer unsere Anschauung sein mag: Weinen wir nicht um die Körper. Denken wir vielmehr über die Wurzeln unserer Glaubensvorstellungen nach, und eine sanfte und stille Freude wird in uns aufsteigen…

Frieden im Herzen und Licht im Verständnis!

ANERKENNUNG

Die Anerkennung ist eine Zeremonie zur Einbeziehung in die Gemeinschaft. Einbeziehung durch gemeinsame Erfahrungen, Ideale, Haltungen und Vorgehensweisen.

Sie wird auf Wunsch einer Gruppe von Menschen und nach einer Grundzeremonie durchgeführt. Die Teilnehmer sollten über den vorher verteilten Text verfügen.

Zelebrant und Helfer stehen.

Helfer: Die Durchführung dieser Zeremonie wurde von Personen ersucht, die aktiv in unsere Gemeinschaft mit einbezogen werden wollen. Hier wird eine persönliche und gemeinsame Verpflichtung ausgedrückt, für die Verbesserung des eigenen Lebens und für die Verbesserung des Lebens unserer Nächsten zu arbeiten.

Der Helfer lädt diejenigen, die Zeugnis ablegen möchten, zum Aufstehen ein.

Zelebrant: Der Schmerz und das Leiden, die wir Menschen erfahren, werden zurückweichen, wenn die gute Erkenntnis voranschreitet, und nicht die Erkenntnis im Dienste des Egoismus und der Unterdrückung.

Die gute Erkenntnis führt zur Gerechtigkeit.

Die gute Erkenntnis führt zur Versöhnung.

Die gute Erkenntnis führt auch dazu, das Heilige in den Tiefen des Bewusstseins zu entziffern.

Helfer *(und alle, die Zeugnis ablegen, lesen):*

Wir betrachten den Menschen als höchsten Wert, der über dem Geld, über dem Staat, über der Religion, über den Gesellschaftsmodellen und Systemen steht.

Wir treten für die Freiheit des Denkens ein.

Wir fördern die Gleichheit der Rechte und die Gleichheit der Möglichkeiten für alle Menschen.

Wir anerkennen und fördern die Vielfalt der Bräuche und Kulturen.

Wir widersetzen uns jeglicher Diskriminierung.

Wir heiligen den gerechten Widerstand gegen jede Form körperlicher, wirtschaftlicher, rassistischer, religiöser, sexueller, psychologischer und moralischer Gewalt.

Zelebrant: Andererseits, so wie niemand das Recht hat, andere aufgrund ihrer Religion oder Irreligiosität zu diskriminieren, nehmen wir für uns das Recht in Anspruch, unsere Spiritualität und unseren Glauben an die Unsterblichkeit und an das Heilige zu verkünden.

Unsere Spiritualität ist nicht die Spiritualität des Aberglaubens, sie ist nicht die Spiritualität der Intoleranz, sie ist nicht die Spiritualität des Dogmas, sie ist nicht die Spiritualität der religiösen Gewalt; sie ist die Spiritualität, die aus ihrem tiefen Schlaf erwacht ist, um die Menschen in ihren besten Bestrebungen zu nähren.

Helfer *(und alle, die Zeugnis ablegen, lesen):*

Wir wollen unserem Leben Zusammenhang verleihen, indem wir das, was wir denken, fühlen und tun, in Einklang bringen.

Wir möchten das schlechte Gewissen überwinden, indem wir unsere Misserfolge anerkennen.

Wir trachten danach, zu versöhnen und überzeugend zu handeln.

Wir nehmen uns vor, jene Regel immer mehr zu befolgen, die uns daran erinnert, „die Anderen so zu behandeln, wie wir selbst behandelt werden möchten“.

Zelebrant: Wir werden ein neues Leben beginnen.

Wir werden in unserem Innern die Zeichen des Heiligen suchen, und wir werden anderen unsere Botschaft bringen.

Helfer *(und alle, die Zeugnis ablegen, lesen):*

Heute werden wir die Erneuerung unseres Lebens beginnen. Wir werden damit beginnen, den geistigen Frieden und die Kraft zu suchen, die uns Freude und Überzeugung gibt. Danach werden wir zu den Personen gehen, die uns am nächsten stehen, um mit ihnen all das Große und Gute zu teilen, das uns widerfahren ist.

Zelebrant: Für alle Friede, Kraft und Freude!

Helfer *(und alle Anwesenden):* Auch für dich Friede, Kraft und Freude.

Der Weg

Wenn du glaubst, dass dein Leben mit dem Tod endet, so hat das, was du denkst, fühlst und tust, keinen Sinn. Alles endet in der Zusammenhanglosigkeit, in der Auflösung.

Wenn du glaubst, dass dein Leben nicht mit dem Tod endet, dann soll das, was du denkst, mit dem übereinstimmen, was du fühlst und tust. Alles soll sich zur Kohärenz, zur Einheit entwickeln.

Wenn dir der Schmerz und das Leiden der Anderen gleichgültig sind, werden all deine Bitten um Hilfe keine Berechtigung finden.

Wenn dir der Schmerz und das Leiden der Anderen nicht gleichgültig sind, solltest du dafür Sorge tragen, dass dein Fühlen, Denken und Handeln im Einklang stehen, um anderen zu helfen.

Lerne, die anderen so zu behandeln, wie du selbst behandelt werden möchtest.

Lerne, den Schmerz und das Leiden in dir, bei deinen Nächsten und in der menschlichen Gesellschaft zu überwinden.

Lerne, der Gewalt zu widerstehen, die in dir und außerhalb von dir ist.

Lerne, die Zeichen des Heiligen in dir und außerhalb von dir zu erkennen.

Lass Dein Leben nicht verstreichen, ohne dich zu fragen: „Wer bin ich?“

Lass Dein Leben nicht verstreichen, ohne dich zu fragen: „Wohin gehe ich?“

Lass keinen Tag vergehen, ohne dir zu antworten, wer du bist.

Lass keinen Tag vergehen, ohne dir zu antworten, wohin du gehst.

Lass keine große Freude vorübergehen, ohne in deinem Inneren dafür zu danken.

Lass keine große Traurigkeit vorübergehen, ohne in deinem Inneren die Freude zurück zu verlangen, die dort aufbewahrt ist.

Stell dir nicht vor, dass du alleine in deinem Dorf, deiner Stadt, auf der Erde und in den unendlichen Welten bist.

Stell dir nicht vor, dass du an diese Zeit und an diesen Raum gefesselt bist.

Stell dir nicht vor, dass sich in deinem Tod die Einsamkeit verewigt.

Inhalt

Das Buch

I. Das Nachsinnen 9

II. Bereitschaft zum Verständnis 11

III. Die Sinn-Leere 15

IV. Die Abhängigkeit 19

V. Ahnung des Sinnes 23

VI. Traum und Erwachen 25

VII. Gegenwart der Kraft 27

VIII. Kontrolle der Kraft 31

IX. Erscheinungsformen der Energie 35

X. Gewissheit des Sinnes 39

XI. Das leuchtende Zentrum 41

XII. Die Entdeckungen 43

XIII. Die Grundsätze 47

XIV. Die Führung auf dem inneren Weg 53

XV. Die Erfahrung der Ruhe und das Durchströmen der Kraft 59

XVI. Projektion der Kraft 67
XVII. Verlust und Unterdrückung der Kraft 71
XVIII. Wirkung und Rückwirkung der Kraft 77
XIX. Die inneren Zustände 79
XX. Die innere Wirklichkeit 93

Die Erfahrung
Grundzeremonie 99
Handauflegung 105
Wohlergehen 111
Schutz 115
Ehe 119
Beistand 125
Tod 131
Anerkennung 135

Der Weg 143

Druck in Ungarn,

Auflage 500

Pflichtabgabe: 2011

www.editions-references.com

info@editions-references.com

Éditions Références

Parcs d'Étude et de Réflexion „La Belle Idée“

847, Route de Montmirail

77750 Bassevelle

Für Deutschland

Studien und Reflexionspark Schlamau

http://www.parkschlamau.org/